The Shadow of the Flower Auction And Other Bilingual Dutch-English Stories

Pomme Bilingual

Published by Pomme Bilingual, 2024.

While every precaution has been taken in the preparation of this book, the publisher assumes no responsibility for errors or omissions, or for damages resulting from the use of the information contained herein.

THE SHADOW OF THE FLOWER AUCTION AND OTHER BILINGUAL DUTCH-ENGLISH STORIES

First edition. December 22, 2024.

Copyright © 2024 Pomme Bilingual.

ISBN: 979-8230038566

Written by Pomme Bilingual.

Table of Contents

De Wraak van de Waterweg

Het was een grijze ochtend in Rotterdam. De regen tikte zachtjes tegen het raam van rechercheur Willem van Dijk's kantoor. Hij nam een slok van zijn inmiddels lauwe koffie terwijl hij het politierapport over de dood van Arend Koster, een machtige scheepvaartmagnaat, doorlas. De man was gevonden in de Nieuwe Maas, zijn lichaam drijvend tussen twee vrachtschepen. Wat op het eerste gezicht leek op een tragisch ongeluk, riep al snel vragen op.

Van Dijk, met zijn brede schouders en nors gezicht, was bekend om zijn scherpe intuïtie en onwrikbare vasthoudendheid. Hij gooide het rapport neer en greep zijn jas. Dit was geen gewone zaak; dat voelde hij in zijn botten.

De kade bij de haven was mistig en stil. De politie had het gebied afgezet, en een paar nieuwsgierigen stonden aan de rand van het lint te kijken. Willem keek naar het water waar Arend Koster gevonden was.

"Geen getuigen?" vroeg hij aan agent De Jong, die naast hem stond.

"Niets wat nuttig lijkt, rechercheur. Alleen een paar havenarbeiders die zeggen dat ze een schreeuw hoorden rond middernacht, maar verder niets."

Willem knikte. Zijn ogen volgden de lijnen van de schepen die zachtjes heen en weer wiegden. Iets klopte niet. Als Koster echt per ongeluk in het water was gevallen, waarom waren er dan sporen van worsteling op zijn polsen?

Willems volgende stop was de villa van de familie Koster in Kralingen. De vrouw van Arend, Annelies, een koele en elegante vrouw, zat in de salon met een glas wijn. Haar gezicht was onbewogen, maar haar handen trilden lichtjes.

"Hij was een moeilijke man," gaf ze toe toen Willem haar vroeg naar hun huwelijk. "Maar hij was een geniale zakenman. Zijn succes heeft ons leven bepaald."

"Had hij vijanden?" vroeg Willem direct.

Annelies aarzelde. "In zaken? Natuurlijk. Arend speelde hard, maar zo is de scheepvaartwereld."

De zoon, Matthijs, een man van dertig met een slungelig postuur, kwam binnen. Zijn ogen waren rood, maar Willem kon niet zeggen of dat van verdriet was of van een nacht slecht slapen.

"Mijn vader had vijanden, ja," zei Matthijs scherp. "Maar de grootste bedreiging zat hier in huis."

Annelies draaide zich geschokt om. "Matthijs, houd je in!"

Willem noteerde de spanning tussen moeder en zoon. Dit was meer dan gewone familieruzies.

De volgende dagen bracht Willem door met het uitpluizen van Kosters zakelijke connecties. Hij ontdekte dat Arend midden in een groot conflict zat met een concurrent, Hendrik Bosman.

Bosman had recent een belangrijke deal verloren aan Koster en stond bekend om zijn onorthodoxe methoden.

Willem besloot Bosman op te zoeken in zijn kantoor aan de Maas. De man, met zijn scherpe pak en arrogante glimlach, leek weinig onder de indruk van de vragen van de rechercheur.

"Ik heb niets te maken met zijn dood," zei hij luchtig. "Maar ik kan niet zeggen dat ik verdrietig ben dat hij weg is. De man was een tiran."

Toch vond Willem geen direct bewijs tegen Bosman. Maar er waren te veel losse eindjes.

De doorbraak kwam toen een havenarbeider, een oudere man genaamd Jan, contact opnam. Hij beweerde dat hij een nacht eerder een verhitte discussie had gehoord tussen Arend Koster en een jonge man aan de waterkant.

"Hij schreeuwde iets over een erfenis," zei Jan.

Willem voelde een koude rilling. Hij haastte zich terug naar de villa Koster en confronteerde Matthijs.

"Je loog tegen me," zei Willem, zijn stem laag maar vastberaden. "Wat gebeurde er die nacht aan de kade?"

Matthijs brak. "Ik wilde alleen dat hij me zou horen! Hij weigerde mij verantwoordelijkheid te geven in het bedrijf. Hij zei dat ik zwak was, dat ik nooit zo sterk zou zijn als hij."

"En toen?" vroeg Willem, zijn ogen priemend.

"We duwden elkaar... en toen viel hij. Het was een ongeluk, ik zweer het!" Matthijs barstte in tranen uit.

De zaak was opgelost, maar Willem voelde weinig voldoening. Het was een tragedie, geboren uit een familieconflict en onvervulde verwachtingen. Terwijl Matthijs werd afgevoerd, keek Willem naar de Maas, die kalm stroomde. De rivier was altijd in beweging, altijd veranderend, maar sommige geheimen kwamen uiteindelijk altijd bovendrijven.

Met een diepe zucht draaide hij zich om en liep weg. Er zouden altijd nieuwe zaken zijn, maar deze zou hem bijblijven – als een herinnering aan hoe dun de lijn is tussen liefde en haat, familie en vijanden.

The Vengeance of the Waterway

It was a gray morning in Rotterdam. The rain tapped gently against the window of Detective Willem van Dijk's office. He sipped his now-lukewarm coffee as he studied the police report on the death of Arend Koster, a powerful shipping magnate. The man had been found in the Nieuwe Maas, his body floating between two cargo ships. What had initially seemed like a tragic accident soon raised questions.

Van Dijk, with his broad shoulders and stern expression, was known for his sharp intuition and unwavering determination. He threw the report down and grabbed his coat. This was no ordinary case; he could feel it in his bones.

The dock near the harbor was foggy and still. The police had sealed off the area, and a few onlookers stood at the edge of the tape, peering in. Willem gazed at the water where Arend Koster had been found.

"No witnesses?" he asked Officer De Jong, who stood beside him.

"Nothing useful, detective," De Jong replied. "Only a few dock workers who say they heard a scream around midnight, but nothing more."

Willem nodded. His eyes traced the lines of the ships swaying gently back and forth. Something wasn't right. If Koster had truly fallen into the water by accident, why were there signs of a struggle on his wrists?

Willem's next stop was the Koster family's villa in Kralingen. Arend Koster's wife, Annelies, a cool and elegant woman, sat in the salon with a glass of wine. Her face remained inscrutable, but her hands trembled slightly.

"He was a difficult man," she admitted when Willem inquired about their marriage. "But he was a genius in business. His success defined our life."

"Did he have enemies?" Willem asked directly.

Annelies hesitated. "In business? Of course. Arend played hard, but that's how the shipping world operates."

Their son, Matthijs, a thirty-year-old with a gangly frame, entered the room. His eyes were red, but Willem couldn't tell if that was from grief or a night of bad sleep.

"My father had enemies, yes," Matthijs said sharply. "But the greatest threat was right here in this house."

Annelies turned in shock. "Matthijs, control yourself!"

Willem noted the tension between mother and son. This was more than a typical family dispute.

Over the next days, Willem spent his time delving into Koster's business connections. He discovered that Arend had been in the midst of a major conflict with a rival, Hendrik Bosman. Bosman had recently lost a crucial deal to Koster and was known for his unorthodox methods.

Willem decided to pay a visit to Bosman at his office by the Maas. The man, dressed in a sharp suit, greeted him with an arrogant smile, appearing little fazed by the detective's questions.

"I have nothing to do with his death," he said casually. "But I can't say I'm sad he's gone. The man was a tyrant."

Yet, Willem found no direct evidence linking Bosman to the crime. But there were still too many loose ends.

The breakthrough came when an older dock worker, Jan, contacted the police. He claimed that he had overheard a heated argument between Arend Koster and a young man at the waterfront the night before Koster's death.

"He was shouting something about an inheritance," Jan said.

Willem felt a chill. He hurried back to the Koster villa and confronted Matthijs.

"You lied to me," Willem said, his voice low but firm. "What happened that night at the dock?"

Matthijs broke down. "I just wanted him to hear me out! He refused to take responsibility for the business. He said I was weak, that I'd never be as strong as he was."

"And then?" Willem asked, his eyes drilling into Matthijs.

"We pushed each other... and then he fell. It was an accident, I swear it!" Matthijs burst into tears.

The case was closed, but Willem felt little satisfaction. It had been a tragedy born from a family conflict and unfulfilled expectations. As Matthijs was taken away, Willem looked at the Maas, which flowed calmly past. The river was always in motion, always changing, but some secrets eventually surfaced.

With a deep sigh, he turned and walked away. There would always be new cases, but this one would stay with him— a reminder of how thin the line is between love and hate, family and enemies.

Het Geheim van Huis Ravenhorst

Het begon allemaal op een regenachtige herfstochtend, toen Elise Verhoeven met haar koffers voor de imposante poort van Huis Ravenhorst stond. Het landhuis, een oud gebouw met torentjes en verweerde gevelstenen, leek in de nevel haast mystiek. Ze was ingehuurd door de familie Van Ravenswaay om hun enorme bibliotheek te catalogiseren, een opdracht die haar intellectuele nieuwsgierigheid had aangewakkerd.

Elise was een jonge, ambitieuze vrouw, afgestudeerd in literatuur en geschiedenis. Het vooruitzicht om wekenlang in een afgelegen landhuis te werken, omringd door oude boeken en historische artefacten, leek een droom die uitkwam. Maar zodra ze de poorten doorstapte, voelde ze een onheilspellende spanning in de lucht.

De bibliotheek van Huis Ravenhorst was alles wat Elise zich had voorgesteld: hoge boekenkasten reikten tot aan het plafond, gevuld met leren banden, vergeelde manuscripten en stoffige folio's. Het was een paradijs voor een boekenliefhebber. Maar de sfeer was zwaar.

"U zult hier werken," zei Mevrouw Van Ravenswaay, een sierlijke maar afstandelijke vrouw van middelbare leeftijd. Haar stem was koud en gecontroleerd, alsof ze gewend was bevelen te geven. "U zult merken dat sommige boeken... gevoelige onderwerpen bevatten. We verwachten discretie."

Elise knikte beleefd, maar de woorden prikkelden haar nieuwsgierigheid. Wat bedoelde Mevrouw Van Ravenswaay met 'gevoelige onderwerpen'?

Op een middag, terwijl Elise een lijst met boeken uit de bibliotheek aan het vergelijken was, hoorde ze gestommel boven haar. Ze keek op naar het plafond. Het geluid leek van de zolder te komen. Nieuwsgierig besloot ze het later te onderzoeken.

Die avond, toen het huis stil was en alleen het tikken van de oude klok in de hal hoorbaar was, sloop Elise naar boven. De zolder was stoffig en donker, met oude meubels bedekt door lakens en stapels vergeelde dozen. Terwijl ze door de ruimte liep, struikelde ze over iets hards en metaalachtigs.

Ze bukte en zag tot haar afgrijzen dat ze tegen een klein, verroest luik was gestoten. Toen ze het opende, ontdekte ze een skelet, half verborgen onder een stapel rottende houten planken. Elise hapte naar adem. Wie was deze persoon, en hoe kwam het lichaam hier terecht?

De volgende ochtend confronteerde Elise Mevrouw Van Ravenswaay voorzichtig met haar ontdekking. Het gezicht van de vrouw verbleekte, en haar koele façade brak even.

"Dat lichaam... Het is beter dat u er niet over spreekt," fluisterde ze. "Sommige geheimen van deze familie moeten begraven blijven."

Maar Elise kon het niet loslaten. Ze begon haar vrije tijd te gebruiken om door de dagboeken en brieven in de bibliotheek te bladeren. Langzaam kwam een verhaal naar boven, een verhaal van verboden liefde tussen een dienstmeisje genaamd Anna en een jonge heer van de familie, Eduard van Ravenswaay.

De liefde was niet alleen verboden; het was gevaarlijk. Elise ontdekte dat Anna plotseling verdwenen was en dat Eduard kort daarna naar het buitenland was gestuurd. Was Anna het skelet op de zolder?

Terwijl Elise dieper groef, begon ze het gevoel te krijgen dat ze in de gaten werd gehouden. Ze hoorde voetstappen op de gang als ze alleen was, en haar papieren lagen steeds op andere plekken. Op een nacht, toen ze naar haar kamer liep, vond ze een anonieme brief onder haar deur.

"Stop met graven. Sommige waarheden zijn dodelijk."

Elise voelde een koude rilling over haar rug. Wie probeerde haar te waarschuwen – of te bedreigen?

Met behulp van een plaatselijke archivaris ontdekte Elise de waarheid: Anna was zwanger van Eduard, en de familie had geprobeerd haar stil te houden. Toen ze dreigde hun eer te schaden, had de toenmalige heer des huizes, Eduards vader, haar op de zolder opgesloten, waar ze uiteindelijk stierf.

Elise confronteerde Mevrouw Van Ravenswaay opnieuw, maar deze keer stond de vrouw sterker in haar schoenen. "Wat wilt u hiermee bereiken?" vroeg ze kil. "De geschiedenis veranderen? Het verleden laat zich niet corrigeren."

Maar Elise wist dat ze deze geheimen niet kon negeren. Ze besloot haar bevindingen te rapporteren bij de autoriteiten, zelfs al wist ze dat de familie Van Ravenswaay haar nooit zou vergeven.

Huis Ravenhorst bleef even stil en mysterieus als altijd, maar de ontdekking van Anna's lichaam bracht een schaduw over de familie. Voor Elise betekende het het einde van haar werk, maar niet het einde van haar zoektocht naar de waarheid. Ze verliet het landhuis met een dubbel gevoel: verdriet om het tragische lot van Anna, maar ook de voldoening dat ze de stilte van de geschiedenis had doorbroken.

En terwijl ze wegreed van het landhuis, voelde ze dat het geheim van Huis Ravenhorst eindelijk aan het licht was gekomen.

The Secret of Ravenhorst House

It all began on a rainy autumn morning when Elise Verhoeven stood with her suitcases in front of the imposing gate of Ravenhorst House. The mansion, an old building with turrets and weathered stone facades, seemed almost mystical in the mist. She had been hired by the Van Ravenswaay family to catalog their enormous library, a task that had sparked her intellectual curiosity.

Elise was a young, ambitious woman, graduated in literature and history. The prospect of working for weeks in a remote mansion, surrounded by old books and historical artifacts, seemed like a dream come true. But as soon as she stepped through the gates, she felt an ominous tension in the air.

The library of Ravenhorst House was everything Elise had imagined: towering bookshelves reached up to the ceiling, filled with leather-bound volumes, yellowed manuscripts, and dusty folios. It was a paradise for a book lover. But the atmosphere was heavy.

"You will work here," said Mrs. Van Ravenswaay, a graceful but distant middle-aged woman. Her voice was cold and controlled, as though she was used to giving orders. "You will find that some books... contain sensitive subjects. We expect discretion."

Elise nodded politely, but the words piqued her curiosity. What did Mrs. Van Ravenswaay mean by 'sensitive subjects'?

One afternoon, while Elise was comparing a list of books from the library, she heard a noise above her. She looked up at the ceiling. The sound seemed to come from the attic. Curious, she decided to investigate later.

That evening, when the house was quiet and only the ticking of the old clock in the hall could be heard, Elise sneaked upstairs. The attic was dusty and dark, with old furniture covered by sheets and piles of yellowed boxes. As she walked through the space, she tripped over something hard and metallic.

She bent down and, to her horror, realized she had bumped into a small, rusted hatch. When she opened it, she discovered a skeleton, half hidden under a pile of decaying wooden planks. Elise gasped. Who was this person, and how did the body end up here?

The next morning, Elise carefully confronted Mrs. Van Ravenswaay with her discovery. The woman's face paled, and her cool façade briefly cracked.

"That body... It's better that you don't speak of it," she whispered. "Some secrets of this family must remain buried."

But Elise couldn't let it go. She began using her free time to go through diaries and letters in the library. Slowly, a story emerged—a tale of forbidden love between a maid named Anna and a young lord of the family, Eduard van Ravenswaay.

The love was not just forbidden; it was dangerous. Elise discovered that Anna had mysteriously disappeared, and shortly after, Eduard had been sent abroad. Was Anna the skeleton in the attic?

As Elise dug deeper, she began to feel as though she was being watched. She heard footsteps in the hallway when she was alone, and her papers were always moved to different places. One night, as she walked to her room, she found an anonymous letter under her door.

"Stop digging. Some truths are deadly."

Elise felt a cold shiver run down her spine. Who was trying to warn— or threaten— her?

With the help of a local archivist, Elise uncovered the truth: Anna had been pregnant by Eduard, and the family had tried to keep it quiet. When she threatened to disgrace their honor, the then head of the house, Eduard's father, had locked her in the attic, where she eventually died.

Elise confronted Mrs. Van Ravenswaay again, but this time the woman stood firmer. "What do you hope to achieve?" she asked coldly. "Change history? The past cannot be corrected."

But Elise knew she couldn't ignore these secrets. She decided to report her findings to the authorities, even though she knew the Van Ravenswaay family would never forgive her.

Ravenhorst House remained as still and mysterious as always, but the discovery of Anna's body cast a shadow over the family. For Elise, it marked the end of her work, but not the end of her search for the truth. She left the mansion with mixed feelings:

sadness for Anna's tragic fate, but also the satisfaction of having broken the silence of history.

And as she drove away from the mansion, she felt that the secret of Ravenhorst House had finally come to light.

De Schaduw van de Bloemenveiling

Het was een frisse ochtend in Aalsmeer, en de geur van bloemen hing zwaar in de lucht. Margriet de Groot, een gepensioneerde bloemiste met een scherp oog en een nog scherpere geest, liep over het terrein van de wereldberoemde bloemenveiling. Het was de drukste tijd van het jaar, en de bedrijvigheid rondom haar was bijna overweldigend.

Ze kwam hier vaak, niet alleen om oude collega's te begroeten, maar ook omdat ze van de sfeer hield. Maar vandaag hing er iets vreemds in de lucht, iets dat haar instinct waarschuwde. Het gevoel werd alleen maar sterker toen ze hoorde dat Jan Vermeer, een vriendelijke maar stille medewerker van de veiling, die ochtend dood was aangetroffen in een van de koelruimtes.

De officiële verklaring was dat Jan een hartaanval had gehad. "Dat is jammer," zei Margriet tegen haar vriendin en oud-collega Clara terwijl ze koffie dronken in de kantine. "Maar iets klopt hier niet. Jan was een gezonde man. Hij liep elke ochtend tien kilometer!"

Clara haalde haar schouders op. "Margriet, je ziet overal mysteries. Niet alles is een moordzaak, hoor."

Maar Margriet liet zich niet afschrikken. Ze kende Jan al jaren en voelde dat er meer aan de hand was. Ze besloot discreet rond te vragen. Al snel hoorde ze fluisteringen over een ruzie die Jan enkele dagen eerder had gehad met een collega, en over verdachte vrachtwagens die 's nachts bij de veiling arriveerden.

Margriet begon haar onderzoek bij de koelruimtes, waar Jan was gevonden. Ze liep daar zogenaamd toevallig rond, maar haar scherpe ogen speurden elk detail af. Tussen de bloemenkarren zag ze iets glinsteren. Het was een klein zakje, verstopt onder een laag rozen. Toen ze het oppakte en opende, zag ze dat het vol zat met kleine, schitterende diamanten.

Margriet keek snel om zich heen en verborg het zakje in haar tas. Dit bevestigde haar vermoedens: er was iets veel groters aan de hand. Maar wie zat hierachter?

De volgende dagen bracht Margriet door met het subtiel ondervragen van verschillende werknemers. Iedereen leek nerveus te worden zodra Jan ter sprake kwam. Uiteindelijk vertelde een jonge veilingmedewerker haar dat Jan een week geleden een grote ruzie had gehad met Peter Lammers, een transporteur die bloemen naar Zwitserland exporteerde.

"Ze schreeuwden tegen elkaar," zei de jongen. "Jan beschuldigde Peter ervan iets illegaals te doen. Maar ik weet niet precies wat."

Margriet wist dat ze voorzichtig moest zijn. Als er smokkelaars betrokken waren, zou het gevaarlijk kunnen worden.

Die nacht besloot Margriet terug te keren naar de veiling om de vrachtwagens van Peter Lammers te onderzoeken. Gewapend met een zaklamp en haar kalme zelfverzekerdheid sloop ze langs de stilstaande karren.

Bij een van de vrachtwagens zag ze een man in een donkere jas. Het was Peter zelf, bezig met een doos rozen in een verborgen compartiment te plaatsen. Margriet hield haar adem in. Toen ze beter keek, zag ze dat de dozen niet alleen rozen bevatten, maar ook kleine zakjes die sterk leken op het zakje met diamanten dat ze eerder had gevonden.

Ze maakte een foto met haar telefoon en glipte weg voordat Peter haar opmerkte.

De volgende ochtend ging Margriet direct naar de politie. Rechercheur Van der Linden, een oude bekende van haar, luisterde aandachtig naar haar verhaal en bekeek de foto's. "Dit is ernstig, Margriet," zei hij. "We zullen een inval doen."

Diezelfde dag viel de politie binnen bij de bloemenveiling en namen ze de vrachtwagens van Peter Lammers in beslag. De diamanten werden gevonden, en Peter werd gearresteerd. Het bleek dat hij al maanden diamanten smokkelde via de bloemenkarren, verstopt tussen de prachtige rozen en tulpen. Jan had zijn geheim ontdekt en werd uit de weg geruimd om hem het zwijgen op te leggen.

Met de zaak opgelost, keerde de rust terug op de bloemenveiling. Margriet voelde een mix van voldoening en verdriet. Jan had de waarheid geweten, maar hij had de prijs betaald.

"Je bent een echte speurder, Margriet," zei Clara met een glimlach toen ze samen koffie dronken.

Margriet lachte zachtjes. "Ach, ik kan het gewoon niet laten. Deze bloemenveiling heeft meer geheimen dan mensen denken."

The Shadow of the Flower Auction

It was a crisp morning in Aalsmeer, and the scent of flowers hung heavily in the air. Margriet de Groot, a retired florist with a keen eye and an even sharper mind, walked across the grounds of the world-renowned flower auction. It was the busiest time of the year, and the hustle and bustle around her was almost overwhelming.

She often came here, not only to greet old colleagues but also because she loved the atmosphere. But today, something felt off in the air, something that triggered her instincts. That feeling only grew stronger when she heard that Jan Vermeer, a friendly but quiet auction employee, had been found dead in one of the cold storage rooms that morning.

The official explanation was that Jan had suffered a heart attack. "Such a shame," Margriet said to her friend and former colleague Clara as they drank coffee in the cafeteria. "But something doesn't add up. Jan was a healthy man. He ran ten kilometers every morning!"

Clara shrugged. "Margriet, you always see mysteries everywhere. Not everything is a murder case, you know."

But Margriet wasn't easily deterred. She had known Jan for years and felt that something was wrong. She decided to discreetly ask around. Soon, she overheard whispers about a quarrel Jan had with a colleague a few days earlier, and about suspicious trucks arriving at the auction late at night.

Margriet began her investigation in the cold storage rooms, where Jan had been found. She wandered around seemingly by chance, but her sharp eyes scanned every detail. Between the flower carts, she spotted something glinting. It was a small bag, hidden under a layer of roses. When she picked it up and opened it, she saw that it was filled with small, sparkling diamonds.

Margriet quickly looked around and hid the bag in her purse. This confirmed her suspicions: something much larger was at play. But who was behind it?

In the following days, Margriet subtly questioned various employees. Everyone seemed to get nervous when Jan was mentioned. Eventually, a young auction worker told her that Jan had had a big argument a week ago with Peter Lammers, a transporter who exported flowers to Switzerland.

"They were yelling at each other," the boy said. "Jan accused Peter of doing something illegal. But I don't know exactly what."

Margriet knew she had to be careful. If smugglers were involved, things could get dangerous.

That night, Margriet decided to return to the auction to investigate Peter Lammers' trucks. Armed with a flashlight and her calm self-assurance, she crept past the parked carts.

By one of the trucks, she saw a man in a dark coat. It was Peter himself, placing a box of roses in a hidden compartment. Margriet held her breath. As she looked closer, she saw that the boxes didn't just contain roses; they also held small bags that looked very much like the one with diamonds she had found earlier.

She took a photo with her phone and slipped away before Peter noticed her.

The next morning, Margriet went straight to the police. Detective Van der Linden, an old acquaintance of hers, listened attentively to her story and looked at the photos. "This is serious, Margriet," he said. "We'll raid the place."

That same day, the police raided the flower auction and seized Peter Lammers' trucks. The diamonds were found, and Peter was arrested. It turned out that he had been smuggling diamonds through the flower carts for months, hidden among the beautiful roses and tulips. Jan had discovered his secret and had been silenced to keep him quiet.

With the case solved, peace returned to the flower auction. Margriet felt a mix of satisfaction and sadness. Jan had known the truth, but he had paid the price.

"You're quite the detective, Margriet," Clara said with a smile as they drank coffee together.

Margriet chuckled softly. "Oh, I just can't help it. This flower auction has more secrets than people think."

De Nacht van het IJsselmeer

De wind gierde over het IJsselmeer, en de straten van het kleine vissersdorp Marken lagen er verlaten bij. Alleen het licht van de vuurtoren brak de duisternis. Rik Meijer, een onderzoeksjournalist die bekendstond om zijn onverschrokken reportages, stond bij de haven en tuurde naar de dobberende boten. Hij voelde dat hij dicht bij een groot verhaal was – een verhaal dat hem al maanden in zijn greep hield.

Het begon allemaal met een anonieme tip: onder het mom van een visserscoöperatie werd er een mensenhandeloperatie gerund. Het klonk te absurd om waar te zijn, maar hoe meer Rik groef, hoe meer losse eindjes hij vond. Om deze zaak op te lossen, had hij hulp nodig. Die hulp kwam in de vorm van Saskia Groen, een briljante maar eigenzinnige hacker die hem eerder uit benarde situaties had geholpen.

Rik ontmoette Saskia in een verlaten café aan de rand van het dorp. Ze zat al aan een tafel, haar laptop opengeklapt, terwijl haar vingers razendsnel over het toetsenbord bewogen.

"Je bent laat," zei Saskia zonder op te kijken.

"Verkeerde afslag," antwoordde Rik luchtig. "Heb je iets gevonden?"

Saskia draaide haar scherm naar hem toe. "De visserscoöperatie exporteert niet alleen vis. Ze gebruiken hun boten om mensen te smokkelen, vooral vrouwen uit Oost-Europa. Ik heb betalingen en berichten onderschept. Maar dit gaat dieper. Er zit iemand hogerop in de organisatie die alles regelt."

Rik voelde zijn hart sneller kloppen. Dit was meer dan een lokaal probleem. "Kun je traceren wie erachter zit?"

"Daar ben ik al mee bezig," zei Saskia, terwijl ze opnieuw begon te typen.

De volgende dagen brachten Rik en Saskia door met het verzamelen van bewijs. Rik interviewde inwoners van het dorp, maar niemand wilde praten. Er hing een angstige sfeer, alsof iedereen wist wat er gaande was maar het niet durfde toe te geven.

Saskia ontdekte intussen dat een van de hoofdverdachten een man genaamd Jacob Visser was, de voorzitter van de coöperatie. Hij had een vlekkeloze reputatie, maar zijn bankafschriften vertelden een ander verhaal: grote sommen geld werden overgemaakt naar rekeningen in het buitenland.

"Hij is de spil," zei Saskia. "Maar er is meer. Ik heb gegevens gevonden die wijzen op een geplande overtocht vanavond."

Rik keek haar scherp aan. "Vanavond? Waar?"

"Hier, bij de haven," zei Saskia. "Ze gebruiken de oude loods als verzamelpunt."

De nacht viel, en Rik en Saskia parkeerden hun auto op een afgelegen plek bij de haven. De lucht was ijzig koud, en het geluid van kabbelend water was het enige dat te horen was.

Vanuit hun schuilplaats zagen ze schaduwen bewegen bij de loods. Vrachtwagens reden af en aan, en een groep mensen werd in kleine boten geladen. Saskia zette haar laptop aan en hackte de beveiligingscamera's van de loods. Op het scherm zagen ze Jacob Visser, die bevelen gaf aan een paar mannen.

"Dat is genoeg bewijs," fluisterde Rik. "Ik ga de politie bellen."

"Wacht," zei Saskia. "We moeten meer weten over hun netwerk. Als ze nu worden opgepakt, missen we de grotere spelers."

Net toen ze wilden vertrekken, werden ze ontdekt. Twee mannen met zaklampen kwamen op hen af. "Wat doen jullie hier?" vroeg een van hen dreigend.

Rik dacht snel na. "Wij zijn journalisten. Als jullie ons iets aandoen, staat het morgen op de voorpagina."

De mannen aarzelden, maar een van hen trok een mes. Voor Rik iets kon doen, hoorde hij een oorverdovend geluid. Saskia had haar auto-alarm geactiveerd, en de mannen deinsden achteruit. Ze grepen hun kans en renden naar de auto.

Met het verzamelde bewijs gingen Rik en Saskia naar de politie, die eindelijk in actie kwam. Die nacht vielen agenten de loods binnen en arresteerden Jacob Visser en zijn handlangers. De slachtoffers van de mensenhandel werden in veiligheid gebracht.

Maar het verhaal eindigde daar niet. Het onderzoek bracht een netwerk aan het licht dat zich uitstrekte over meerdere landen. Dankzij Rik's artikel en Saskia's technische expertise werd het netwerk ontmanteld, en meerdere hoge kopstukken werden gearresteerd.

Een week later zat Rik in hetzelfde café waar hij Saskia had ontmoet. Ze kwam binnen, met haar gebruikelijke nonchalante houding. "Dus, wat wordt je volgende verhaal?" vroeg ze.

Rik glimlachte. "Dat hangt ervan af. Heb jij nog wat interessante gegevens liggen?"

Saskia grinnikte. "Misschien. Maar eerst koffie."

Buiten scheen de zon over het IJsselmeer, maar Rik wist dat de schaduwen van de nacht nooit ver weg waren.

The Night of the IJsselmeer

The wind howled over the IJsselmeer, and the streets of the small fishing village of Marken lay deserted. Only the light of the lighthouse pierced the darkness. Rik Meijer, an investigative journalist known for his fearless reporting, stood by the harbor, gazing at the bobbing boats. He felt that he was close to a big story – a story that had held him captive for months.

It all began with an anonymous tip: under the guise of a fishing cooperative, a human trafficking operation was being run. It sounded too absurd to be true, but the more Rik dug, the more loose ends he found. To solve the case, he needed help. That help came in the form of Saskia Groen, a brilliant but eccentric hacker who had helped him out of tight spots before.

Rik met Saskia in an abandoned café on the edge of the village. She was already sitting at a table, her laptop open, her fingers flying across the keyboard.

"You're late," said Saskia without looking up.

"Wrong turn," Rik replied casually. "Found anything?"

Saskia turned her screen toward him. "The fishing cooperative doesn't just export fish. They're using their boats to smuggle people, mostly women from Eastern Europe. I've intercepted payments and messages. But it goes deeper. There's someone higher up in the organization pulling the strings."

Rik's heart raced. This was more than a local problem. "Can you trace who's behind it?"

"I'm already on it," said Saskia, as she started typing again.

The following days were spent by Rik and Saskia gathering evidence. Rik interviewed the villagers, but no one was willing to speak. There was a fearful atmosphere, as if everyone knew what was going on but didn't dare admit it.

Meanwhile, Saskia discovered that one of the main suspects was a man named Jacob Visser, the chairman of the cooperative. He had a spotless reputation, but his bank statements told a different story: large sums of money were being transferred to foreign accounts.

"He's the key," said Saskia. "But there's more. I've found data indicating a planned crossing tonight."

Rik looked at her sharply. "Tonight? Where?"

"Here, at the harbor," said Saskia. "They're using the old warehouse as a gathering point."

Night fell, and Rik and Saskia parked their car in a secluded spot near the harbor. The air was icy cold, and the sound of the rippling water was the only thing they could hear.

From their hiding place, they saw shadows moving by the warehouse. Trucks were coming and going, and a group of people were being loaded into small boats. Saskia turned on her laptop and hacked into the warehouse's security cameras. On the screen, they saw Jacob Visser giving orders to a few men.

"That's enough evidence," whispered Rik. "I'm calling the police."

"Wait," said Saskia. "We need to know more about their network. If they're arrested now, we'll miss the bigger players."

Just as they were about to leave, they were discovered. Two men with flashlights approached them. "What are you doing here?" one of them asked threateningly.

Rik thought quickly. "We're journalists. If you hurt us, it'll be on the front page tomorrow."

The men hesitated, but one of them pulled out a knife. Before Rik could do anything, there was a deafening sound. Saskia had activated her car alarm, and the men backed off. They seized their chance and ran to the car.

With the gathered evidence, Rik and Saskia went to the police, who finally took action. That night, officers raided the warehouse and arrested Jacob Visser and his accomplices. The victims of the human trafficking operation were rescued.

But the story didn't end there. The investigation uncovered a network that stretched across multiple countries. Thanks to Rik's article and Saskia's technical expertise, the network was dismantled, and several high-ranking figures were arrested.

A week later, Rik sat in the same café where he had met Saskia. She walked in, her usual nonchalant demeanor in place. "So, what's your next story?" she asked.

Rik smiled. "That depends. Got any interesting data lying around?"

Saskia chuckled. "Maybe. But first, coffee."

Outside, the sun shone over the IJsselmeer, but Rik knew that the shadows of the night were never far away.

Moord in de Duinen

De warme zomerbries speelde door Eva Schoutens haar terwijl ze langs de zandduinen van Scheveningen liep. Het was een perfecte namiddag: de zon hing laag aan de hemel, en het zachte geruis van de zee bracht een gevoel van rust. Eva, een freelance journalist op vakantie, had deze wandeling genomen om haar hoofd leeg te maken. Maar wat ze die dag zou ontdekken, zou allesbehalve rust brengen.

Terwijl ze een smal paadje volgde dat tussen de duinen kronkelde, struikelde ze over iets hards dat net onder het zand uitstak. Ze keek omlaag en zag een schoen. Eva's adem stokte toen ze verder groef met haar handen en een lichaam ontdekte – een man, bleek en levenloos, half begraven in het zand.

De politie arriveerde snel nadat Eva hen had gebeld. Rechercheur Van den Berg, een norse maar bekwame agent, stelde haar vragen terwijl forensisch specialisten het gebied afzetten.

"U zegt dat u hem vond tijdens een wandeling?" vroeg Van den Berg terwijl hij zijn notitieboekje opende.

"Ja," zei Eva, haar stem trillend. "Ik heb geen idee wie hij is."

Maar dat veranderde al snel. Een van de agenten herkende het gezicht van de man. Het was Felix Brouwer, een beroemde schilder die bekendstond om zijn dramatische landschappen en intense portretten. Zijn dood verspreidde zich als een lopend vuurtje door het dorp, en al snel was Scheveningen in rep en roer.

Eva had het gevoel dat er meer achter deze zaak zat dan een simpele moord. Tijdens een bezoek aan de lokale bibliotheek om meer over Felix te leren, ontmoette ze Mia van Dijk, een excentrieke bibliothecaris met een passie voor kunstgeschiedenis. Mia, met haar dikke bril en onuitputtelijke nieuwsgierigheid, bood Eva spontaan haar hulp aan.

"Felix was een briljant kunstenaar, maar ook een moeilijke man," zei Mia terwijl ze een map met artikelen en interviews over de schilder tevoorschijn haalde. "Hij had veel vijanden, vooral in de kunstwereld."

Eva glimlachte. "Ik denk dat jij en ik een goed team zouden kunnen zijn, Mia."

Samen begonnen Eva en Mia Felix' leven te onderzoeken. Ze ontdekten dat hij onlangs een groot kunstcontract had gewonnen, wat veel jaloezie opwekte bij andere kunstenaars. Ook vonden ze brieven die suggereerden dat Felix een geheime affaire had gehad met een getrouwde vrouw in het dorp.

Een naam bleef steeds terugkomen in hun onderzoek: Hugo Visser, een minder succesvolle schilder en een oude vriend van Felix. Volgens dorpsbewoners waren Hugo en Felix ooit onafscheidelijk, maar de laatste jaren was hun relatie bekoeld.

Eva en Mia besloten Hugo te bezoeken in zijn kleine atelier aan de rand van het dorp. Het atelier was rommelig, vol onafgemaakte schilderijen en oude doeken. Hugo leek nerveus toen ze hem vroegen naar Felix.

"Felix en ik hadden onze meningsverschillen," gaf hij toe. "Maar ik zou hem nooit iets aandoen. Hij was mijn vriend."

Eva voelde dat Hugo iets achterhield. Terwijl Mia Hugo aan de praat hield, glipte Eva naar een hoek van het atelier waar een schildersezel stond. Op het doek zag ze een portret van Felix – maar wat haar opviel, was dat Felix op het schilderij een ring droeg die ze niet op zijn lichaam had gezien.

De ring bleek een sleutel te zijn. Met behulp van een oude foto uit de bibliotheek ontdekten Eva en Mia dat Felix de ring altijd droeg, en dat deze toegang gaf tot een verborgen kluis in zijn huis. In de kluis vonden ze brieven die de waarheid onthulden: Felix had Hugo beschuldigd van plagiaat en had gedreigd hem publiekelijk te ontmaskeren.

Eva confronteerde Hugo met het bewijs. Uiteindelijk brak hij. "Hij wilde mijn carrière vernietigen," zei Hugo met trillende stem. "Ik wilde alleen maar met hem praten, maar het liep uit de hand. Het was een ongeluk."

Met Hugo gearresteerd en de zaak opgelost, zat Eva op een zonnige ochtend met Mia op een terras aan de boulevard. De geur van verse koffie en zee hing in de lucht.

"Je hebt een neus voor dit soort dingen," zei Mia glimlachend. "Misschien moet je overwegen om rechercheur te worden."

Eva lachte. "Misschien. Maar voorlopig houd ik het bij schrijven. En wie weet, Mia, misschien bel ik je weer als ik hulp nodig heb."

De zomer in Scheveningen had haar een avontuur gebracht dat ze nooit zou vergeten. Maar terwijl de golven tegen de kust rolden, wist Eva dat dit slechts het begin was van een reeks mysteries die haar pad zouden kruisen.

Murder in the Dunes

The warm summer breeze played through Eva Schouten's hair as she walked along the sand dunes of Scheveningen. It was a perfect afternoon: the sun hung low in the sky, and the gentle sound of the sea brought a sense of calm. Eva, a freelance journalist on vacation, had taken this walk to clear her head. But what she would discover that day would bring anything but peace.

As she followed a narrow path winding between the dunes, she stumbled over something hard sticking out just beneath the sand. She looked down and saw a shoe. Eva's breath caught as she dug with her hands and discovered a body— a man, pale and lifeless, half-buried in the sand.

The police arrived quickly after Eva called them. Detective Van den Berg, a grim but capable officer, questioned her while forensic specialists cordoned off the area.

"You say you found him during a walk?" Van den Berg asked, opening his notebook.

"Yes," Eva said, her voice trembling. "I have no idea who he is."

But that soon changed. One of the officers recognized the man's face. It was Felix Brouwer, a famous painter known for his dramatic landscapes and intense portraits. His death spread like wildfire through the village, and soon Scheveningen was in turmoil.

Eva had the feeling that there was more to this case than just a simple murder. During a visit to the local library to learn more about Felix, she met Mia van Dijk, an eccentric librarian with a passion for art history. Mia, with her thick glasses and boundless curiosity, offered Eva her help without hesitation.

"Felix was a brilliant artist, but also a difficult man," said Mia, pulling out a folder filled with articles and interviews about the painter. "He had many enemies, especially in the art world."

Eva smiled. "I think you and I could make a good team, Mia."

Together, Eva and Mia began to investigate Felix's life. They discovered that he had recently won a major art contract, which had caused much jealousy among other artists. They also found letters suggesting that Felix had had a secret affair with a married woman in the village.

One name kept coming up in their research: Hugo Visser, a less successful painter and an old friend of Felix. According to villagers, Hugo and Felix had once been inseparable, but in recent years, their relationship had soured.

Eva and Mia decided to visit Hugo at his small studio on the edge of the village. The studio was messy, filled with unfinished paintings and old canvases. Hugo seemed nervous when they asked him about Felix.

"Felix and I had our differences," he admitted. "But I would never harm him. He was my friend."

Eva sensed Hugo was hiding something. While Mia kept him talking, Eva slipped over to a corner of the studio where an easel stood. On the canvas, she saw a portrait of Felix—but what caught her attention was that Felix was wearing a ring that she hadn't seen on his body.

The ring turned out to be a key. Using an old photo from the library, Eva and Mia discovered that Felix had always worn the ring, and it gave access to a hidden safe in his house. Inside the safe, they found letters that revealed the truth: Felix had accused Hugo of plagiarism and had threatened to publicly expose him.

Eva confronted Hugo with the evidence. In the end, he broke down. "He wanted to ruin my career," Hugo said with a trembling voice. "I just wanted to talk to him, but it got out of hand. It was an accident."

With Hugo arrested and the case solved, Eva sat one sunny morning with Mia at a café on the boulevard. The scent of fresh coffee and the sea hung in the air.

"You have a nose for this kind of thing," Mia said with a smile. "Maybe you should consider becoming a detective."

Eva laughed. "Maybe. But for now, I'll stick to writing. And who knows, Mia, maybe I'll call you again if I need help."

The summer in Scheveningen had brought her an adventure she would never forget. But as the waves rolled against the shore, Eva knew this was just the beginning of a series of mysteries that would cross her path.

Het Dossier van Amsterdam-Noord

Bas Koenen zat op de rand van een scheefgezakte stoel in een goedkoop café aan het Mosplein. Zijn knie tikte ongeduldig tegen de tafel. Hij had zichzelf altijd als een redelijk succesvolle kleine crimineel beschouwd, maar vandaag voelde hij zich allesbehalve succesvol.

"Bas, ouwe maat!" klonk een stem achter hem. Bas draaide zich om en zag Sophie de Wit, zijn vroegere rivaal en wellicht de enige die nog gehaaider was dan hij. Ze glimlachte breed, maar haar ogen stonden scherp.

"Wat moet jij hier, Sophie?" gromde Bas.

"Blijkbaar hetzelfde als jij," antwoordde Sophie terwijl ze naast hem plaatsnam. "Dat schilderij."

Het schilderij, een gestolen meesterwerk van een onbekende zeventiende-eeuwse kunstenaar, was het middelpunt van hun ellende. Bas had het ooit "geleend" van een rijke kunstverzamelaar met de bedoeling het snel te verkopen. Maar voor hij dat kon doen, was het alweer gestolen – door Sophie, zo bleek.

"Luister, Bas," zei Sophie, terwijl ze een slok van zijn koffie nam. "We zitten in dezelfde penarie. Die bende uit de Bijlmer wil dat schilderij binnen 48 uur terug. En als we dat niet regelen..."

Bas knikte somber. Hij wist precies wat er zou gebeuren. De mannen van die bende stonden erom bekend dat ze geen genade toonden.

"Hoe wil je dit aanpakken?" vroeg hij.

"Teamwork, Koenen," zei Sophie met een flitsende glimlach. "Of je het nou leuk vindt of niet."

Hun eerste stop was bij een bekende heler, Hassan, die de reputatie had om alles te weten wat er in Amsterdam-Noord speelde. Hassan leunde achterover in zijn leren stoel en grijnsde.

"Ah, Bas en Sophie. De Bonnie en Clyde van het Noorden," zei hij.

"Kom op, Hassan," zei Bas ongeduldig. "We hebben geen tijd voor grapjes. Waar is het schilderij?"

Hassan tikte met zijn vingers op de tafel. "Jullie hebben een probleem. Dat schilderij is in handen van een gast genaamd Rico. Hij houdt zich schuil in een oude loods aan de haven."

Die avond slopen Bas en Sophie naar de loods. De plek was stil, op het zachte klotsen van het water na. Sophie hield een koevoet vast terwijl Bas een schroevendraaier tevoorschijn haalde.

"Dit voelt als de goede oude tijd," fluisterde Sophie.

"Niet sentimenteel worden," mompelde Bas.

Binnen vonden ze Rico en twee van zijn mannen bezig met het inpakken van kunstwerken. Bas herkende het schilderij meteen. Het stond rechtop tegen een muur, nog steeds in perfecte staat.

"Hoe pakken we dit aan?" vroeg Bas.

"Met stijl," fluisterde Sophie, terwijl ze haar pistool tevoorschijn haalde.

Na een snelle en chaotische confrontatie wisten ze het schilderij terug te krijgen, maar niet zonder kleerscheuren. Sophie had een snijwond aan haar arm, en Bas voelde een blauwe plek opkomen waar Rico hem had geslagen.

"Dat ging soepel," zei Sophie sarcastisch terwijl ze naar buiten renden.

"Het schilderij is wat telt," hijgde Bas.

Maar hun problemen waren nog niet voorbij. Buiten werden ze opgewacht door de mannen van de bende.

"Je dacht toch niet dat we jullie helemaal zouden vertrouwen, hè?" zei een grote man met een gouden ketting.

Sophie glimlachte breed, ondanks de dreiging. "Je weet dat dit schilderij vervloekt is, toch?" zei ze met een zelfverzekerde toon.

De mannen fronsten. "Wat bedoel je?"

"Elke eigenaar van dit ding heeft een ellendig einde gevonden," ging ze verder. "Vraag maar aan Rico. Oh, wacht, hij ligt knock-out in de loods."

De mannen wisselden ongemakkelijke blikken uit. Sophie maakte van hun aarzeling gebruik om een rookbom te gooien die ze in haar jas had verstopt.

"Ren!" riep ze, en samen verdwenen ze in de chaos.

Een paar dagen later zaten Bas en Sophie in een ander café, dit keer met een betere sfeer en betere koffie. Het schilderij hadden ze via een omweg bij de rechtmatige eigenaar afgeleverd – tegen een royale beloning.

"Niet slecht voor een team dat elkaar niet vertrouwt," zei Sophie grijnzend.

"Misschien moeten we dit vaker doen," gaf Bas toe, hoewel hij het moeilijk vond om dat hardop te zeggen.

Sophie hief haar kopje. "Op een succesvol partnerschap. Tot de volgende klus."

En zo, in de schaduw van Amsterdam-Noord, begon een onverwachte alliantie tussen twee kleine criminelen met grote plannen.

The Amsterdam-Noord Dossier

Bas Koenen sat on the edge of a sagging chair in a cheap café at Mosplein. His knee tapped impatiently against the table. He had always considered himself a fairly successful small-time criminal, but today he felt anything but successful.

"Bas, old mate!" came a voice from behind him. Bas turned around and saw Sophie de Wit, his former rival and possibly the only one more cunning than him. She smiled widely, but her eyes were sharp.

"What are you doing here, Sophie?" Bas grumbled.

"Apparently the same as you," Sophie replied as she sat down next to him. "The painting."

The painting, a stolen masterpiece by an unknown 17th-century artist, was the center of their troubles. Bas had once "borrowed" it from a wealthy art collector with the intention of selling it quickly. But before he could, it was stolen again – by Sophie, as it turned out.

"Listen, Bas," Sophie said, taking a sip of his coffee. "We're in the same mess. That gang from the Bijlmer wants the painting back in 48 hours. And if we don't make it happen..."

Bas nodded grimly. He knew exactly what would happen. The men from that gang were notorious for showing no mercy.

"How do you plan to handle this?" he asked.

"Teamwork, Koenen," Sophie said with a flashing smile. "Like it or not."

Their first stop was a well-known fence, Hassan, who had a reputation for knowing everything that was going on in Amsterdam-Noord. Hassan leaned back in his leather chair and grinned.

"Ah, Bas and Sophie. The Bonnie and Clyde of the North," he said.

"Come on, Hassan," Bas said impatiently. "We don't have time for jokes. Where's the painting?"

Hassan tapped his fingers on the table. "You have a problem. That painting is in the hands of a guy named Rico. He's hiding out in an old warehouse at the harbor."

That evening, Bas and Sophie sneaked their way to the warehouse. The place was quiet, except for the soft lapping of the water. Sophie held a crowbar while Bas pulled out a screwdriver.

"This feels like the good old days," Sophie whispered.

"Don't get sentimental," Bas muttered.

Inside, they found Rico and two of his men packing up artworks. Bas recognized the painting immediately. It was standing against a wall, still in perfect condition.

"How do we handle this?" Bas asked.

"With style," Sophie whispered, pulling out her gun.

After a quick and chaotic confrontation, they managed to retrieve the painting, but not without some bruises. Sophie had a cut on her arm, and Bas could feel a bruise forming where Rico had hit him.

"That went smoothly," Sophie said sarcastically as they ran outside.

"It's the painting that counts," Bas panted.

But their troubles weren't over. Outside, they were met by the gang's men.

"You didn't really think we'd trust you completely, did you?" said a large man with a gold chain.

Sophie smiled broadly despite the threat. "You know this painting is cursed, right?" she said confidently.

The men frowned. "What do you mean?"

"Every owner of this thing has met a miserable end," she continued. "Just ask Rico. Oh, wait, he's knocked out in the warehouse."

The men exchanged uncomfortable looks. Sophie took advantage of their hesitation to throw a smoke bomb she had hidden in her jacket.

"Run!" she shouted, and together they disappeared into the chaos.

A few days later, Bas and Sophie sat in another café, this time with a better atmosphere and better coffee. They had delivered the painting to its rightful owner via a roundabout route – in exchange for a generous reward.

"Not bad for a team that doesn't trust each other," Sophie said, grinning.

"Maybe we should do this more often," Bas admitted, though he found it hard to say it out loud.

Sophie raised her cup. "To a successful partnership. Until the next job."

And so, in the shadows of Amsterdam-Noord, an unexpected alliance began between two small-time criminals with big plans.

De Verdwijning van Lotte Visser

Inspecteur Jeroen Blok stond op de kade van de Oudegracht, zijn blik gericht op het rustige water. Het was vroeg in de ochtend, maar de zaak die hem naar Utrecht had gebracht, hield hem scherp. Lotte Visser, een 22-jarige studente, was al vier dagen vermist. Haar verdwijning was mysterieus, en de stad fluisterde geruchten alsof het water haar geheimen deelde.

Blok nam een slok van zijn inmiddels koude koffie en sloeg zijn notitieboekje open. "Studenten verdwijnen niet zomaar," mompelde hij tegen zichzelf. Maar Lotte's kamer was onberispelijk achtergelaten, behalve voor één ding: een dagboek dat de sleutel leek te zijn tot het mysterie.

Terug op het politiebureau bladerde Blok door Lotte's dagboek. Haar sierlijke handschrift schilderde een beeld van een intelligent, maar teruggetrokken meisje. Ze schreef over colleges, vrienden, en haar liefde voor literatuur. Maar naarmate hij verder las, veranderde de toon.

"Hij kijkt naar me. Altijd. In de bibliotheek, op straat, zelfs vanuit de schaduwen. Ik zie zijn ogen overal. Wie is hij? Waarom achtervolgt hij me?"

Blok voelde een rilling over zijn rug lopen. De laatste paar pagina's waren haastig geschreven, met krassen die verrieden hoe gespannen ze was.

"Ik weet dat hij me volgt. Niemand gelooft me, maar ik weet het zeker. Ik ben niet veilig."

Blok sloot het dagboek en zuchtte diep. Hij moest uitvinden wie "hij" was.

Blok begon met interviews. Lotte's huisgenoot, Sophie, leek zich geen zorgen te maken. "Lotte was altijd een beetje paranoïde," zei ze. "Ze dacht altijd dat mensen haar iets wilden aandoen."

"Maar heeft ze ooit iets concreets gezegd over iemand die haar volgde?" vroeg Blok.

Sophie haalde haar schouders op. "Ze noemde soms iemand die ze 'de man in de regenjas' noemde. Maar ik heb hem nooit gezien."

Blok noteerde het. De bibliotheek, waar Lotte vaak studeerde, was de volgende logische plek.

De bibliotheek aan de Drift was stil, gevuld met het zachte geritsel van papier en het tikken van toetsenborden. Blok sprak met een medewerker, een oudere man met grijze haren en een scherpe blik.

"Ja, ik herinner me Lotte," zei de man. "Ze zat vaak in die hoek, bij de ramen. En soms... nou ja, er was een man die haar vaak volgde."

Blok spitste zijn oren. "Wat weet u over hem?"

"Niet veel. Hij droeg altijd een donkere regenjas en zat vaak aan een tafel niet ver van haar vandaan. Hij sprak nooit met iemand, maar zijn blik... het was onrustig."

Blok had nu een aanknopingspunt. Hij bekeek de camerabeelden van de bibliotheek. Het duurde niet lang voordat hij de man in de regenjas zag. Zijn gedrag was inderdaad verdacht: hij volgde Lotte van de ene sectie naar de andere en verliet de bibliotheek kort na haar.

"Zoom in op zijn gezicht," zei Blok tegen de technicus. Het beeld was korrelig, maar herkenbaar. Blok stuurde het naar zijn team om de identiteit van de man te achterhalen.

Een dag later kwam er nieuws. De man was geïdentificeerd als Ronald de Bruin, een 38-jarige die in het verleden was gearresteerd voor stalking. Blok voelde een golf van opluchting, maar ook spanning. Ronald woonde in een klein appartement net buiten de stad.

Blok en zijn team besloten hem te confronteren. Toen ze zijn appartement doorzochten, vonden ze iets onheilspellends: een muur vol foto's van Lotte, genomen van een afstand. Maar Lotte zelf was nergens te bekennen.

Blok wist dat de tijd drong. Een tip van een buurman leidde hem naar een verlaten loods aan de rand van de stad. De man had Ronald daar recent gezien met een jonge vrouw.

Met getrokken pistool ging Blok de loods binnen. De ruimte was donker en rook muf. Hij hoorde een zachte kreun en vond Lotte vastgebonden aan een stoel, uitgeput maar levend.

"Het is oké, je bent veilig nu," zei Blok terwijl hij haar bevrijdde.

Ronald werd gearresteerd, en Lotte werd naar het ziekenhuis gebracht.

Dagen later zat Blok weer aan de Oudegracht, deze keer met een warme koffie. Hij dacht na over de zaak. Lotte was veilig, maar het gevoel van onbehagen bleef hangen. Hoeveel meer zoals Ronald waren er? Hoeveel verhalen bleven onverteld?

Het water kabbelde rustig, alsof het de geheimen van de stad in zich opnam. Blok wist dat zijn werk nog lang niet klaar was.

The Disappearance of Lotte Visser

Inspector Jeroen Blok stood on the quay of the Oudegracht, his gaze fixed on the calm water. It was early in the morning, but the case that had brought him to Utrecht kept him alert. Lotte Visser, a 22-year-old student, had been missing for four days. Her disappearance was mysterious, and the city whispered rumors as if the water shared its secrets.

Blok took a sip of his now cold coffee and opened his notebook. "Students don't just disappear," he muttered to himself. But Lotte's room had been left in perfect order, except for one thing: a diary that seemed to be the key to the mystery.

Back at the police station, Blok flipped through Lotte's diary. Her elegant handwriting painted a picture of an intelligent but withdrawn young woman. She wrote about lectures, friends, and her love for literature. But as he read further, the tone changed.

"He watches me. Always. In the library, on the street, even from the shadows. I see his eyes everywhere. Who is he? Why is he following me?"

Blok felt a shiver run down his spine. The last few pages had been hastily written, with scratches that revealed her growing tension.

"I know he's following me. No one believes me, but I'm sure of it. I am not safe."

Blok closed the diary and sighed deeply. He had to figure out who "he" was.

Blok began with interviews. Lotte's roommate, Sophie, didn't seem too concerned. "Lotte was always a little paranoid," she said. "She always thought people wanted to hurt her."

"But did she ever mention anything specific about someone following her?" asked Blok.

Sophie shrugged. "She sometimes mentioned someone she called 'the man in the raincoat.' But I've never seen him."

Blok took note. The library, where Lotte often studied, was the next logical place to visit.

The library on the Drift was quiet, filled only with the soft rustling of paper and the tapping of keyboards. Blok spoke with a staff member, an older man with gray hair and a sharp gaze.

"Yes, I remember Lotte," said the man. "She often sat in that corner by the windows. And sometimes... well, there was a man who followed her often."

Blok's ears perked up. "What do you know about him?"

"Not much. He always wore a dark raincoat and often sat at a table not far from hers. He never spoke to anyone, but his gaze... it was unsettling."

Blok now had a lead. He reviewed the library's security footage. It didn't take long before he saw the man in the raincoat. His behavior was indeed suspicious: he followed Lotte from one section to another and left the library shortly after her.

"Zoom in on his face," Blok instructed the technician. The image was grainy, but recognizable. Blok sent it to his team to identify the man.

A day later, there was news. The man had been identified as Ronald de Bruin, a 38-year-old who had been previously arrested for stalking. Blok felt a wave of relief, but also tension. Ronald lived in a small apartment just outside the city.

Blok and his team decided to confront him. When they searched his apartment, they found something ominous: a wall full of photos of Lotte, taken from a distance. But Lotte herself was nowhere to be found.

Blok knew time was running out. A tip from a neighbor led him to an abandoned warehouse on the outskirts of the city. The man had seen Ronald there recently with a young woman.

With his gun drawn, Blok entered the warehouse. The space was dark and musty. He heard a faint groan and found Lotte tied to a chair, exhausted but alive.

"It's okay, you're safe now," Blok said as he freed her.

Ronald was arrested, and Lotte was taken to the hospital.

Days later, Blok was once again at the Oudegracht, this time with a warm coffee. He thought about the case. Lotte was safe, but the uneasy feeling lingered. How many more like Ronald were there? How many stories went untold?

The water rippled gently, as if it was absorbing the city's secrets. Blok knew his work was far from over.

Het Mysterie van de Haagse Markt

De Haagse Markt bruist altijd van het leven. Kraampjes vol kleurrijke stoffen, verse groenten, en exotische specerijen trekken dagelijks honderden bezoekers. Midden in die drukte stond Fatima Aziz, de geliefde kruidenverkoopster die bekendstond om haar warme glimlach en geurige mengsels. Haar kraam was een trekpleister voor jong en oud, tot op een dag alles veranderde.

Fatima werd beschuldigd van diefstal. De geruchten verspreidden zich als een lopend vuurtje: een klant had haar betrapt terwijl ze iets in haar tas stopte dat niet van haar was. De politie was erbij gehaald, en hoewel Fatima haar onschuld uitschreeuwde, werd haar kraam tijdelijk gesloten. De markt leek haar ziel te hebben verloren.

Pieter Zwart, een gepensioneerde leraar met een passie voor boeken en mysteries, was een trouwe klant van Fatima. Hij geloofde geen woord van de beschuldigingen. "Fatima? Een dief? Dat kan niet waar zijn," zei hij tegen zichzelf terwijl hij zijn koffie dronk in het kleine café aan de rand van de markt.

Pieter kende Fatima al jaren. Ze was niet alleen een verkoopster, maar ook een vriendin van de gemeenschap. Hij besloot dat het aan hem was om haar naam te zuiveren. Met zijn scherpe geest en gevoel voor rechtvaardigheid begon hij zijn eigen onderzoek.

Pieter begon met het spreken van getuigen. Bij de viskraam hoorde hij van Hassan, een collega-marktkoopman. "Ik zag Fatima niets verkeerd doen," zei Hassan. "Maar er was wel een vreemde man bij haar kraam die er niet thuishoorde. Hij droeg een bruine jas en leek iets te zoeken."

Pieter noteerde het. Een man in een bruine jas, een detail dat de politie over het hoofd leek te hebben gezien.

Die avond bezocht Pieter Fatima in haar kleine appartement. Ze was zichtbaar aangeslagen, maar haar trots was ongebroken.

"Pieter, ik heb niets gestolen," zei ze. "Ik zou nooit mijn klanten bedriegen. Die kruidenmengsels zijn mijn leven."

Pieter legde een hand op haar schouder. "Ik weet het, Fatima. Maar ik moet alles weten. Wat gebeurde er precies die dag?"

Fatima vertelde hoe de man in de bruine jas haar steeds vragen stelde over dure saffraan. "Hij leek nerveus," zei ze. "En toen hij weg was, werd ik ineens beschuldigd. Het was alsof het allemaal gepland was."

De volgende dag keerde Pieter terug naar de markt. Hij lette goed op bij de kraampjes en vroeg hier en daar wat vragen. Het duurde niet lang voordat hij ontdekte dat er meer kraamhouders problemen hadden gehad. Dure goederen verdwenen, en klanten klaagden over nepwaren.

Bij een stoffenhandel hoorde Pieter dat de man in de bruine jas vaker op de markt was gesignaleerd. "Hij koopt niets, maar kijkt veel rond," zei de verkoopster.

Pieter vermoedde dat de beschuldiging tegen Fatima onderdeel was van een groter plan. Maar wie zat erachter?

Met hulp van Hassan besloot Pieter de man in de bruine jas te volgen. Ze zagen hem praten met een andere marktkoopman die bekendstond om goedkope namaakartikelen. Pieter luisterde stiekem mee en hoorde woorden als "levering" en "controle."

Die avond controleerde Pieter de kraam van de verdachte. Onder een losse plank vond hij dozen vol namaakgoederen, van dure parfums tot nep saffraan.

Pieter bracht zijn bevindingen naar de marktcommissie en de politie. Met hun hulp werd de man in de bruine jas gearresteerd. Hij bleek deel uit te maken van een groep criminelen die de markt gebruikten om illegale waren te verspreiden. De beschuldiging tegen Fatima was een afleidingsmanoeuvre geweest.

Fatima's kraam werd heropend, en de gemeenschap kwam massaal om haar te steunen. Pieter kreeg een gratis kruidenmengsel als dank, hoewel hij het weigerde.

"Je hebt iets veel waardevollers gegeven, Pieter," zei Fatima. "Mijn eer terug."

Pieter glimlachte en wandelde door de drukke markt, tevreden dat gerechtigheid was geschied. De geur van specerijen vulde de lucht, en de Haagse Markt leefde weer.

The Mystery of the Hague Market

The Hague Market is always bustling with life. Stalls full of colorful fabrics, fresh vegetables, and exotic spices attract hundreds of visitors daily. In the midst of all the hustle and bustle stood Fatima Aziz, the beloved spice vendor known for her warm smile and fragrant blends. Her stall was a popular spot for both young and old, until one day, everything changed.

Fatima was accused of theft. The rumors spread like wildfire: a customer had caught her putting something in her bag that didn't belong to her. The police were called, and although Fatima shouted her innocence, her stall was temporarily closed. The market seemed to have lost its soul.

Pieter Zwart, a retired teacher with a passion for books and mysteries, was a loyal customer of Fatima's. He didn't believe a word of the accusations. "Fatima? A thief? That can't be true," he said to himself as he drank his coffee at the small café at the edge of the market.

Pieter had known Fatima for years. She wasn't just a vendor; she was also a friend to the community. He decided it was up to him to clear her name. With his sharp mind and sense of justice, he began his own investigation.

Pieter started by speaking to witnesses. At the fish stall, he heard from Hassan, a fellow market vendor. "I didn't see Fatima do anything wrong," said Hassan. "But there was a strange man at her stall who didn't belong there. He wore a brown coat and seemed to be looking for something."

Pieter made a note of it. A man in a brown coat—an important detail that the police seemed to have overlooked.

That evening, Pieter visited Fatima in her small apartment. She was visibly upset, but her pride was unbroken.

"Pieter, I didn't steal anything," she said. "I would never deceive my customers. Those spice blends are my life."

Pieter placed a hand on her shoulder. "I know, Fatima. But I need to know everything. What exactly happened that day?"

Fatima explained how the man in the brown coat kept asking her questions about expensive saffron. "He seemed nervous," she said. "And when he left, I was suddenly accused. It was like it was all planned."

The next day, Pieter returned to the market. He kept a sharp eye on the stalls and asked a few questions here and there. It didn't take long for him to discover that other vendors had experienced problems. Expensive goods had gone missing, and customers complained about counterfeit items.

At a fabric stall, Pieter heard that the man in the brown coat had been seen at the market several times. "He doesn't buy anything but looks around a lot," said the saleswoman.

Pieter suspected that the accusation against Fatima was part of a larger scheme. But who was behind it?

With Hassan's help, Pieter decided to follow the man in the brown coat. They saw him talking to another market vendor known for selling cheap counterfeit goods. Pieter secretly listened in and overheard words like "delivery" and "check."

That evening, Pieter checked the suspect's stall. Under a loose plank, he found boxes full of counterfeit goods, from expensive perfumes to fake saffron.

Pieter brought his findings to the market committee and the police. With their help, the man in the brown coat was arrested. He turned out to be part of a criminal group that used the market to distribute illegal goods. The accusation against Fatima had been a diversion.

Fatima's stall was reopened, and the community came out in droves to support her. Pieter was given a free spice blend as a thank-you, although he declined.

"You've given me something much more valuable, Pieter," Fatima said. "My honor back."

Pieter smiled and walked through the busy market, content that justice had been served. The scent of spices filled the air, and the Hague Market was alive again.

www.ingramcontent.com/pod-product-compliance
Lightning Source LLC
Chambersburg PA
CBHW070315160726
47999CB00003B/1033